Avertissement.

Beaucoup de nos lecteurs, (qu'on nous pardonne cette locution ambitieuse), nous ont prié d'ajourner la publication de la satire promise, *Le Philanthrope*, et de lui substituer celle d'une épître à notre ami *Gigoux*, insérée, il y a environ trois mois, dans un des journaux de la localité.

Nous ne savons si, comme homme politique, le duc d'Orléans auraiteu quelque valeur ; mais, à coup sûr, il possédait à un degré éminent les qualités aimables qui distinguent l'homme privé.

C'est donc abstraction faite de toute idée politique, que nous révélons un trait qui fait honneur à son goût artistique, à son urbanité et à sa générosité vraiment royale.

Nous ne craignons point qu'on accuse de revirement nos opinions hautement avouées et bien connues, en préconisant une action généreuse du duc d'Orléans. Nous sommes ici le panégyriste, non du prince, mais de l'homme de goût et du bienfaiteur délicat.

Des obstacles que notre position personnelle rendait inévitables, ont retardé cette seconde publication ; nous espérons être plus exact à l'avenir et offrir, dans la huitaine, au public, la satire du *Philanthrope*.

A M. GIGOUX, (1)

PEINTRE D'HISTOIRE.

Tu naquis comme moi dans une obscure ville,
D'un père plébéïen, de profession vile ;
Ton père, forgeron, trouvait son intérêt
A ferrer les chevaux, et le mien les ferrait.
Nous fûmes, en naissant, traités en fils de prince,
Par le marteau sonore et la lime qui grince
Salués, assourdis tout aussi bien, je crois,
Que par le gros canon, le nouveau–né d'un roi ;
Seulement, je l'avoue, à nous, piètre racaille,
Dans un berceau d'osier, un matelas de paille,
Et le lait maternel, sain, malsain, aigre ou doux
Et de dame Tricot et de dame Gigoux !
Tandis que la chimie analyse et déguste
Le lait que doit sucer un nourrisson auguste,

(1) M. Gigoux, fils d'un maréchal-ferrant de la Franche-Comté, s'est placé, dès son début, au premier rang des peintres de l'époque. Son premier tableau, chef d'œuvre qui accuse une imagination riche et originale, une touche savante, un coloris enchanteur, joints à un dessin aussi pur que hardi, fut pourtant repoussé par le jury d'admission au salon de 1837 ; mais le duc d'Orléans, plus juste appréciateur que le jury, commanda au peintre méconnu deux copies réduites de cette toile magnifique qui représente *Cleopatre essayant des poisons sur des esclaves*, et les lui paya avec une munificence toute royale, de sorte que cette exclusion inconcevable tourna à la gloire et au profit de l'artiste. Depuis ce temps, MM. du Jury sont, dit-on, tout-à-fait de l'avis du prince.

Qu'il faut à son Altesse un monde de valets ,
Qu'à lui seul son berceau coûte presqu'un palais ,
Et que, pour énerver ce fils de noble race ,
Le duvet le plus fin se trie et se ressace !..,

A nous les durs besoins inconnus en haut-lieu ,
A nous le froid , la faim , mais à nous l'œil de Dieu !
A nous la jouissance, oasis imprévue
Que l'aride désert fait plus douce à la vue ,
Dans toute sa fraîcheur à nous la puberté ,
A nous ce qu'on lui cache , enfin , la vérité !

Pauvres enfants royaux qu'environne le faste ,
Hélas ! vous ignorez le charme d'un contraste !
De la même atmosphère enveloppés toujours,
Dans l'uniformité vous traînez tous vos jours ;
Un sang toujours épais dans vos veines circule ,
Jamais de l'*imprévu* le fouet ne le stimule ,
Semblables à des fruits piqués dans leur primeur,
Avant le temps , en vous , tout se flétrit et meurt !

Ne rougissons donc pas de ces rudes cilices ,
De ces langes grossiers que nos mères-nourrices
A nos membres chétifs imposèrent jadis ,
Ni de ces plébéïens dont nous sommes les fils ;
Entre l'enfant d'un prince et l'enfant d'un manœuvre
Qui fait la différence ? Ami, crois-moi , c'est l'œuvre,
Et , ce siècle , après tout , décrié par le sot ,
Vénère le talent et non pas le berceau.
Tel qu'on l'a fait aux rois le diadème est triste...
Elle pèse bien moins ta couronne d'artiste
Et ne t'expose pas au désastreux affront
De la voir, un beau jour, arracher de ton front !

Ne crains pas, cependant, qu'odieux pamphlétaire,
Pour le peuple indulgent, pour les rois seuls austère,
Je prône du premier les vertus qu'il n'a pas
Et ferme l'œil au bien s'il ne part point d'en bas ;
Non, Gigoux, je sais être impartial et juste,
Et, quand d'un prince aimé la bienveillance auguste
Répare en toi les torts d'un jury maladroit,
Je loue et j'applaudis, tout fils qu'il est de roi !
Qui sait ? sans lui, peut-être, aiglon manquant d'espace,
Jamais tu n'aurais vu le soleil face-à-face,
Et, de mutilateurs, un imbécille essaim
Aurait rogné ton aile et réfroidi ton sein....

Donc, honneur à son goût, donc, honneur à l'hommage
Qu'il rend, en ta personne, à l'art qu'il encourage !
Toi, par d'autres chefs-d'œuvre encor plus radieux,
A l'admiration force tes envieux ;
Puis, lorsque le pinceau qui sous tes doigts s'anime,
Nous aura retracé quelque page sublime,
Si de lâches frélons, des Zoïles jaloux
Te niaient ton génie... — Eh ! bien, alors, Gigoux,
Ainsi que Bonaparte aux vaincus d'Ausonie,
Dis : « le soleil existe, aveugle qui le nie ! »

Rimeur encor tapi dans mon obscurité,
D'où vient que je te brûle un encens frélaté ?
D'où vient que, sur un ton qui le fâche peut-être,
L'aprenti familier apostrophe le maître ?
Gigoux, c'est que, tout fier de ton nom plébéien,
Enfant du peuple aussi, j'ai voulu que le mien
Y fut associé.... comme au jour la nuit sombre,
A l'éclat du soleil l'obscurité de l'ombre....

Partis en même temps , partis du même lieu ,
De ta route déjà tu touches le milieu ,
Tandis que , maugréant ma vigueur infidèle ,
J'entends bruire encor la forge paternelle !
N'importe ; à l'astre né dans un berceau commun
Je veux crier : *vivat !* dussé-je être importun ,
Et l'on saura, Gigoux , qu'au fracas d'une enclume ,
Un grand pinceau peut naître à défaut d'une plume.

Ton talent n'eut point d'aube : on l'a vu tout d'abord,
Soleil à son midi , s'épanouir dans l'or ;
Géant, semblable aux dieux que nous dépeint Homère,
D'un pas tu mesuras l'*Art* , immense carrière !
Ce don céleste , hélas ! ne me fut pas versé !
Aux ronces du langage auteur embarrassé,
Vers le but où j'aspire et qu'un ami possède,
Je me traîne à pas lourds.... et n'y vois de remède
Que ce mot de Vulcain , notre enfumé patron :
« A force de forger on devient forgeron ! »

SAINT-VALERY.

(SUR SOMME).

A L'ESTIMABLE VIGNET.

J'aime, ô Saint-Valrey ! tes vertes promenades,
Ta baie aux jaunes eaux, tes rouges estacades,
  Tes maisons blanches aux toits bleus,
De tes remparts béants la ceinture en ruine ;
  La vieille église qui domine
  Comme un fanal sur la colline,
  Ta ville aux pavés anguleux !...

J'aime, quand le soleil à l'occident qu'il dore,
Dans un prisme féerique épand ses derniers feux,
J'aime, au rayon mourant qui les éclaire encore,
A noyer mon regard dans les flots lumineux ;
  A confier le rêve de mon âme
  A la capricieuse lame
Qui le berce et l'emporte au point vague où la mer
Dans les cieux indécis se confond et se perd !

J'aime l'ombre et le frais de tes molles garennes ;
Là, de jeunes beautés, attrayantes syrènes
  Ont séduit bien des imprudens !
Et, comment résister à vos douces amorces ?
Anges roses et blonds ! vous nous laissez sans forces,
  En ne montrant jamais les dents !...*

(*) C'est le seul don que la nature ait refusé aux St.-Valériennes, d'ailleurs aussi charmantes que spirituelles.

En ne montrant jamais qu'innocence candide,
Pudibonde ingénuité,
En voilant, avec chasteté,
Sous le réseau d'une paupière humide,
Votre regard qui, malin et timide,
Semble agacer et fuir la volupté!....

Tendres brebis, oh! conservez bien pure
Votre blanche toison
Comme les premiers-nés de la bonne nature
Faites toujours l'amour sur la verdure,
Et donnez bal sur le gazon!....

Au mirage si doux de cette agreste fête
Toujours se prennent les amans....
Ainsi que l'on voit l'alouette,
Cette virtuose des champs,
Donner hélas! curieuse et coquette,
Dans les filets du chasseur qui la guette
Et l'attire aux reflets de miroirs scintillants!

Après quatre ans d'exil, telles, à ton approche,
La verve du poète exhalait, dans le coche,
Ses exclamations d'amour et de bonheur....
Puis, il transfigurait, (ô pouvoir de l'extase)!
Une haridelle étique en superbe Pégase,
En Apollon, le conducteur!

C'est, ô! Saint-Valery! qu'âme tendre et naïve,
Il croyait retrouver, régnantes sur ta rive,
Tes vertus d'autrefois, simplesse urbanité;
Et sous l'ombrage des charmilles,

L'essaim dansant des jeunes filles ,
Par un beau dimanche d'été.

Et tes jeunes garçons aux ardentes prunelles ,
Aux habits contempteurs de nos modes nouvelles ;
Aux larges pantalons flottant sur le mollet ;
Sans moustaches, sans gants et sans lorgnette aucune,
Offrant , agneaux naifs , chacun à sa chacune ,
La blanche pâquerette et le tendre bleuet....

Quelle était son erreur ! tes timides gazelles
Sont aujourd'hui , pardieu ! de franches péronelles ,
Des oisons sans grâce et sans vol !
Il leur faut des Ternaux et des Valencienne ,
Et , pour que la fraîcheur de leur teint se maintienne ,
L'ombre frêle d'un parasol !

Il leur faut, pour danser, grosse-caisse et cymbales,
Cors , cornets à pistons , trombonnes et tymballes,
Un orchestre à fougeux hoquets !
Au lieu du beau soleil et des molles pelouses ,
Une salle où vient l'air par d'étroites ventouses ,
Et le jour fumeux des quinquets !

— O ! père Démaret , Amphion en lunettes ,
Quoi ! ton vieux violon , tes vieilles clarinettes ,
Quoi ! ton aigre et vieux flageolet ,
On n'en veut plus !.... ô ciel ! et tu bois cette honte ?
Et , l'océan à boire, à l'heure où le flot monte ,
T'a semblé plus amer, ô ! lâche Démaret ?

— Que leur faut-il encor ? des mannequins de mode,
Un ratelier de dents fait par Désirabode ,

Paul de Kok, Gautier, Sand et Frédéric Soulié;
Des horisons sans borne une existence large....
Il leur faut le procès de madame Lafarge,
— Et... des amoureux à sous-pied.

Hélas! qui me dira quels immondes génies
Vous soufflèrent au cœur ces étranges manies,
   Anges si purs hier encor
Qu'il semblait à chacun, pudiques demoiselles,
Qu'il ne tenait qu'à vous d'ouvrir deux blanches aîles
   Pour prendre un séraphique essor!

Oh! revenez de grâce, à vos allures franches,
A vos rondes sur l'herbe, en été, les dimanches,
A vos chants enviés des oiseaux sur les branches,
   A votre jaseuse gaîté!
Laissez Désirabode armer d'autres gencives,
Tailler—, mais non pour vous,— l'ivoire en incisives,
Songez que la nature a des grâces naïves
   Qui charment plus que la beauté!...,

Quelques étudians ont, de la capitale,
Importé ces travers dans la ville natale,
Du moins, l'ami Vignet me l'affirme tout bas;
Vignet, ce typpe heureux du ci-devant jeune homme,
Lovelace picard, Petit-Jean gastronome
Dont le nez, d'une lieue évente un bon repas!

Vignet, homme de loi, politique, agricole,
Qui fuit le bal, depuis que le bal est l'école
   De la Cachucha, du Cancan,
Vignet, lion épris du col en crinoline,

Et dont la taille se dessine
Svelte sous la mince étamine
D'un paletot de bouracan.

Vignet, tout à la fois, cuisinier, garde-notes,
Qui lave sa vaisselle et qui cire ses bottes,
Et r'affistole mieux les fonds de ses culottes,
Que le plus adroit culottier !
Qui, sur le calembourg est de force première,
Dont la science culinaire
S'illuminant de Lareynière,
Prouverait à Véry qu'il est un gargottier !

Vignet, des vieilles mœurs amant simple et fidèle,
De l'antique candeur intéressant modèle,
Sainte incarnation !
Vignet, qui seul enfin, fait que je pousse encore,
Quand je rêve aujourd'hui sur la grève sonore,
Cette longue exclamation :

J'aime, ô ! Saint-Valery ! tes vertes promenades,
Ta baie aux jaunes eaux, tes rouges estacades,
Tes maisons blanches aux toits bleus !
De tes remparts béants la ceinture en ruine,
La vieille église qui domine,
Comme un fanal sur la colline,
Ta ville aux pavés anguleux !....

Saint-Valery, le 1er mai 1842.

UTILITÉ DE LA GYMNASTIQUE.

On a fait, de tous temps, des codes de morale
Où l'on méprise fort la partie animale,
Où la vigueur physique est l'attribut du bœuf ;
Je trouve cela vieux et je veux être neuf.
J'estime, quant à moi, tout haut je le confesse,
Grâce jointe à vigueur et vigueur à souplesse,
Et dût—on me traiter de sophiste moqueur,
Je dis que par là seul on est homme de cœur.
Que me font, après tout, si je prouve ma glose,
Les critiques d'un fat ou d'un pédant morose ?...
J'eus des mépris toujours et souvent des lardons
Pour les gens à bouquins et pour les Céladons.
Les uns sont bons au plus à nouer leur cravate,
Et quant à tout pédant, savant ou bureaucrate,
Je soutiens que, penchés, de l'aube jusqu'au soir,
Sur des livres jaunis, ces gens broyent du noir.
Robespière, malingre, inerte et rachitique
Submergea dans le sang la jeune république ;

Couthon, le cul-de-jatte, a démoli Lyon,
Marat, de la débauche orde incarnation,
Chat-tigre sans vigueur, âme faible et flétrie,
Se rua dans le crime, égorgea la patrie ;
Le tigre, dont ils sont les emblèmes affreux,
Animal fainéant, est féroce comme eux.
Que tous ces noms impurs ne souillent point nos pages ;
Offrons à nos lecteurs de plus douces images,
Le vrai, s'il est horrible, est parfois saugrenu,
Ecartons-le : j'en viens à mon texte tout nu.

Je remonte aux beaux jours de l'antique Hellénie.
Sol classique des arts, des héros, du génie,
Guerrière aux larges flancs, au lait substantiel,
Mère de deux aînés, couple immatériel,
Du si doux Hésiode et du si vaste Homère :
Salut, Grèce, salut ! belle et robuste mère !
A ton éternité suffiraient ces deux fils,
Mais que d'enfans divins, Grèce les ont suivis !
Combien d'Argos ! combien et de Sparte et d'Athènes !
Solon, Léonidas, Pindare, Demosthènes,
Lycurgue, Périclès, Themistocles, Cimon,
Socrate le martyr, le grave et doux Platon,
Euripide, Ménandre, Anacréon, Sophocles,
Dieux épargnés du temps, tous, debout sur leurs socles.
Philosophes, guerriers, poètes, orateurs,
Des siècles à venir, magnétiques moteurs,
Vivifiants rayons, sources inspiratrices !
Dévoilez-vous à moi causes génératrices
De tant d'astres brillants, impérissables morts

Dont la cendre mêlée aux sables de tes bords
Rendent sacré ton sol, ô Grèce poétique !...
Ton histoire à la main, j'y lis : la Gymnastique.

Sparte, où naquit Hélène, en sa dure cité,
Aux courses, à la lutte, exerçait la beauté ;
La Grèce entière était hyppodrome ou gymnase ;
Du Pindre à l'Hellespont tout un peuple en extase,
Aux assauts de la lutte, à la course des chars,
Au vol émulateur des disques et des dards,
Aux redoutables chocs de l'homicide ceste,
Assistait, proclamant héroïque et céleste
L'athlète triomphant que ses rivaux en pleurs,
Escortaient, enlacé de guirlandes de fleurs....
C'était par de tels jeux que les peuples antiques
Créaient des hommes forts, des âmes héroïques,
Des esprits purs et droits, et prenant leur essor
Vers l'immortalité qui les couronne encor.

Le peuple souverain de l'Univers, dans Rome
Possédait un gymnase, avait un hyppodrome,
Et si, déchu plus tard de sa haute vertu,
Vainqueur, sous ses lauriers on le vit abattu,
C'est qu'aux gladiateurs abandonnant la lice,
D'un exercice noble il fit un vil supplice,
Et, ce supplice alors retrempant les vaincus,
Rome en vint à pâlir au nom de Spartacus !

— Nous, enfants de Brennus dont la puissante épée
Pesa des oppresseurs la richesse usurpée,
Rappelons-nous, enfants des Francs et des Gaulois,
Si nous voulons régner par la force ou les lois,

Si nous voulons briller par les arts , la vaillance ,
Par la littérature ainsi que la science ,
Rappelons-nous, Français, nos pères fiers vainqueurs,
Ames d'élite, esprits sublimes , nobles cœurs,
Tant qu'à la Gymnastique ils se montrent fidèles ;
Voyons-les abattus , humiliés et frêles ,
Alors que commandés , en de malheureux temps ,
Par des efféminés généraux à vingt ans ,
Ils fuient, enfants peureux qu'effarouche leur ombre ,
Devant des Prussiens inférieurs en nombre ;
De Rosbach, il est vrai , nous a vengés Iéna :
Mais nous étions alors exercés.... tout est là.

SUR LA DUNE.

Quand, dans les profondeurs de ses cryptes secrètes,
La mer, avec un râle, et s'absorbe et se perd,
Avez-vous, de la dune envahissant les crètes,
Envisagé parfois le sable découvert?

Et, pensif, contemplant les gigantesques rides,
Stigmates au rivage imprimés par le flot,
Et l'Océan qui fuit et les grèves arides;
De cette grande énigme osé sonder le mot?

Malheur! malheur à l'homme avez-vous dû vous dire...
Car cette grande mer qui râle et qui s'aspire
C'est la jeunesse, c'est l'essaim des passions

Qui délaissent, après les avoir inondées,
Les âmes des humains inertes et ridéés
Par les regrêts, hélas! infertiles sillons.